让学习轻而易举的
100个策略

○利兹 著

人民邮电出版社

北 京

图书在版编目（CIP）数据

让学习轻而易举的 100 个策略 / 利兹著. -- 北京 ：
人民邮电出版社，2025. -- ISBN 978-7-115-67135-6

Ⅰ．G791

中国国家版本馆 CIP 数据核字第 2025FV5697 号

◆ 著   利　兹
　　责任编辑　朱伊哲
　　责任印制　周昇亮
◆ 人民邮电出版社出版发行　　北京市丰台区成寿寺路 11 号
　　邮编　100164　　电子邮件　315@ptpress.com.cn
　　网址　https://www.ptpress.com.cn
　　天津千鹤文化传播有限公司印刷
◆ 开本：880×1230　1/48
　　印张：4.5　　　　　　　2025 年 8 月第 1 版
　　字数：81 千字　　　　　2025 年 8 月天津第 1 次印刷

定价：29.80 元

读者服务热线：（010）81055296　印装质量热线：（010）81055316
反盗版热线：（010）81055315

最有价值的知识是关于方法的知识。

——达尔文

目　录

1 交叉学习策略

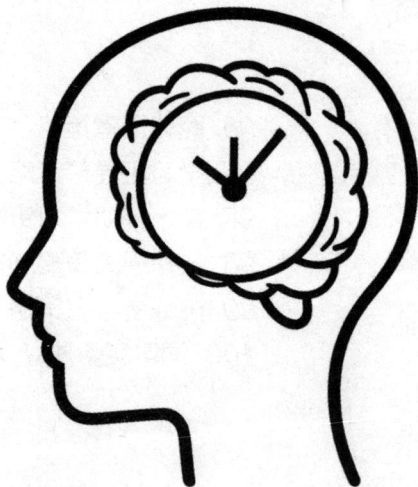

明明把汇报内容背得滚瓜烂熟，一旦遇到突发状况还是卡壳？交叉学习策略或许能帮助你破解这一难题，它可以让不同技能在交叉训练中达到"1+1>2"的效果。

脑科学研究发现，我们的大脑在处理不同任务时会调动不同的模块。因此，我们可以利用这一点，在不同的时间段学习不同的知识，这样可以减少大脑疲劳，提高学习效率。比如，在准备演讲时，可以在上午背诵演讲稿，下午模拟客户问答，晚上研究竞品案例，让大脑在不同任务间切换锻炼。

使用这个策略，有规律地切换学习内容能让大脑长时间保持活跃。通过交叉学习，原本按照依次学习需要 6 个月才能学完的课程内容，现在可能仅需 3 个月就能完成，而且更能形成长期记忆。

2 定期间隔练习策略

反复背诵了却怎么也记不住？刚学会的知识很快就忘了？不妨试试定期间隔练习策略！就像给绿萝浇水，每天浇三次会导致烂根，每月浇一次会使它枯死，找到最合适的浇水间隔才能让它长得旺盛。在学习中，道理也是类似的，把相同的内容分散在不同的时间段内重温，用时间织成一张网，才能把知识紧紧兜住。

　　因此，把复杂的知识拆成一个个可以在碎片时间学习的小模块，并提醒自己定期练习，记忆效果往往比短时间突击学习更好。我们在学习新技能时，要每隔一段时间回顾关键步骤和注意事项，并在实际工作中不断应用，这样更容易将技能内化为自己的能力。

3 不定期间隔练习策略

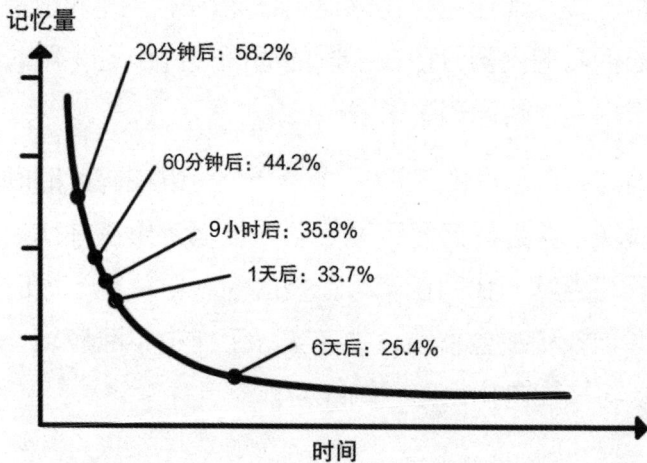

记忆量

20分钟后：58.2%

60分钟后：44.2%

9小时后：35.8%

1天后：33.7%

6天后：25.4%

时间

不定期间隔练习策略是一种基于记忆规律的学习方法，它与定期间隔练习策略的区别在于，学习的时间间隔是动态调整的，而不是固定的。具体来说，不定期间隔练习策略要求我们在初次学习后，根据遗忘曲线的规律，分别间隔一天、三天、一周、一个月等时间段后进行复习，而不是在短时间内反复背诵。

学习新技能时，不要在一次性学完后就放下，而是要根据遗忘曲线，在记忆衰退的关键节点进行强化干预。这种策略还可以与工具结合使用，比如利用记忆卡片软件自动安排复习时间，或者通过制定学习日历，明确复习的时间节点。这种方法避免了"临时抱佛脚"式的学习，更容易让知识内化，形成长期记忆。这种对未知信息的渐进式学习，解释了为何刻意安排的间隔记忆比连续背诵更有效。

4 实践练习策略

你有没有发现，无论在书本中学习了多少知识，做了多么充分的准备，实践时还是会出现这样或者那样的问题？造成这种现象的原因在于，理论和实践之间存在着一条鸿沟，我们应当采取"实践练习策略"不断改进工作方法。如果我们只是照本宣科而不注重在实践中练习我们学到的知识，那么即使学到了再多理论也只是纸上谈兵。

　　好比学游泳，不能只看教学视频，你必须真正呛几口水才能游起来。实践练习策略的意义在于，它能够帮助我们更好地理解和内化所学的知识，将其真正转化为解决实际问题的能力。因此，理论学习和实践应用相辅相成，缺一不可。只有在实践中不断检验和完善我们的理论知识，才能真正实现知行合一。

5 刻意练习策略

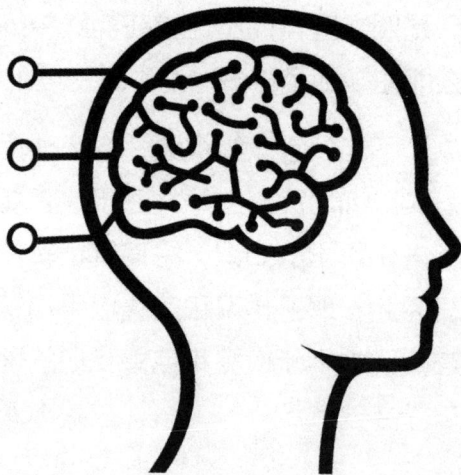

在职场中，有一些人能够在短时间内快速掌握某种技能，成为公司项目中不可或缺的"熟练工"。但是在后续的职业发展中，由于缺少系统的培训机会，他们往往只能重复同一项工作，难以进一步提升自己的技术能力。这种现象被称为"熟练工陷阱"，要想克服它，不妨走出工作中的舒适区，试试"刻意练习策略"。

脑科学研究发现，通过刻意训练，当我们的行为突破自身的舒适区时，大脑特定区域会重塑神经回路，在神经元之间形成更稳定、更坚固的连接，从而进一步提高学习和工作的效率。这个策略正是利用了这一点，让我们可以通过刻意地对某项技能进行反复练习，来避免头脑"生锈"，从而不断刺激大脑来加强记忆。

6 压力测试策略

你有没有经历过在项目汇报前手心冒汗，客户提问时大脑空白的情况？压力测试策略或许是防止你在关键时刻掉链子的良方！它就像定期的消防演练，能够让你在模拟的高压情境中得到锻炼，形成记忆和习惯，从而让你能够在关键时刻保持稳定输出。科学研究也支持这一点，适度的压力刺激可以激活大脑的生存模式，在我们的神经元之间逐步建立快速响应通道。

比如我们在准备跨部门方案宣讲时，可以邀请同事扮演客户来向我们提问，在连续追问中打磨应对话术。我们还可以在空闲时间模拟在电梯里偶遇重要客户的场景，练就 30 秒说清项目价值的本领。这种刻意制造的压力训练，能帮助我们在关键时刻保持理性和从容。

7 即时反馈学习法

你是否有过这样的经历：辛辛苦苦学习新技能，结果反复出错，学习效率低下？这不仅浪费时间，还打击信心。这就是即时反馈学习法能解决的痛点。

即时反馈学习法，指的是在学习过程中立即获得评价或回应，能够帮助你发现错误并做出调整。它不需要复杂工具，只需你在行动后马上查看正确结果并进行比对，或立即寻求他人意见。这种方法让学习更高效，能加速进步，避免错误累积。

例如，你在练习新的销售话术时，让同事实时给你反馈，就能快速优化表达。这不仅能提升熟练度，还能培养主动改进的习惯。试试它，你的学习将事半功倍！

8 版本迭代学习法

你是否总想把新技能一次性学得完美，结果进度缓慢，错误越积越多？版本迭代学习法能够帮你破解这个难题，它鼓励你先快速做出学习成果的初级版本，然后基于反馈，将其优化升级为下一个版本，而不是要求你在最初时就做到完美。

版本迭代学习法将学习拆解成多个进阶阶段，如从基础版 1.0 到优化版 2.0 再到完成版 3.0，每一个版本都整合上一个版本的意见，整体提升。从时间上来说，即时反馈学习法一般是指在几分钟或几个小时内获得反馈，版本迭代学习法则是指在几天或几个月内进行迭代。

版本迭代学习法的一个典型应用场景，是在职场中提升复合能力。例如，学习新的销售管理方法时，先做出基础框架，作为版本 1.0，实践后收集多方面反馈，再将其升级为 2.0。这一方法能够让你用很低的成本试错，从而保持能力高效提升。

9 天才学习法

学习新知识时感觉很吃力，效率低下还总熬夜——我们不妨模仿天才的学习方式。

天才学习法的核心在于时刻"动脑"，即边获取信息边思考整理：记笔记时不要全部抄写，而是思考后速记框架；背诵时用整体框架思维，将知识点整合进框架；刷题时不要翻笔记，做完再分析整理易错点。

应用在工作中，比如参加项目培训时，我们可以边听课边思考当前内容还关联了哪些其他知识点，并快速简要地记录下来；晚上睡前回顾培训核心内容，避免遗忘。坚持运用这种方法，你会发现自己的记忆力更强，反应更快，很快能成为同事眼中不熬夜的高效达人。

10 检索练习法

人类大脑将陌生信息转化为熟悉信息的学习建构过程，远比我们想象的复杂和精妙。学习不是信息的简单堆砌，而是一种主动建构的过程，其中最关键的环节在于"如何让信息真正被大脑吸收并长期留存"。研究表明，依靠单纯的重复阅读和机械记忆，往往只能形成短暂的印象，而主动回忆才是帮助你形成长期记忆的关键方法。因此，"检索练习"在学习过程中至关重要，它不仅能有效巩固所学内容，还能让大脑更高效地提取信息，从而真正实现知识的灵活运用。

比如，我们在练习 PPT 汇报的时候，不要照着文稿念，不妨把它放在一边，仅仅依靠 PPT 的内容来对文稿进行回忆。反复从大脑中调取信息，不仅能够加强记忆，还能帮助你查漏补缺，为后续的学习找出知识盲区。

11 公主学习法

独自学习时总容易拖延分心，你可以试试用"公主学习法"，把枯燥的学习变成动力满满的成长仪式。它通过三个核心帮你提升专注力：明确学习目标，建立使命感；营造学习氛围，增强仪式感；扮演公主应对挑战，保持积极心态。

　　比如准备重要考试时，想象自己是肩负重任的"团队核心接班人"：早晨用古典乐作为闹铃，优雅"上朝"；查看资料如同审阅奏章，耐心标记；学新技能时暗示自己"这份专业能力未来有助于带领王国走向强盛"，让自己自然而然地保持专注、追求卓越。充分利用这种角色代入，能让你的每次学习都有满满的掌控感和成就感。

12 双重编码策略

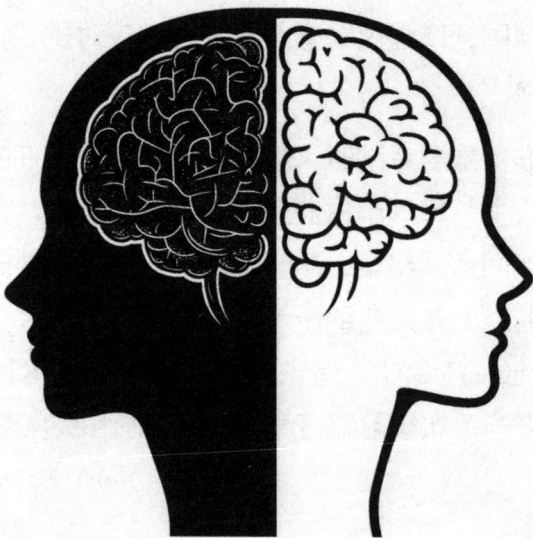

你有没有经历过这样的情况：明明是前一天晚上才准备好的发言稿，第二天看起来就像外星文字，完全想不起来当初写稿时的思路。这有可能是因为你的记忆编码模式没有用对！我们可以通过"双重编码策略"，利用文字加上图像双通道进行记忆，让复杂信息以更容易理解的方式被刻在脑海中。

具体来说，我们可以在准备发言稿时，不仅用文字梳理逻辑，还通过图表、流程图、思维导图等视觉化工具，将抽象的概念转化为直观的图像。例如，在介绍一个复杂的产品功能时，可以用文字描述其特点，同时用示意图展示其工作原理；在阐述一个项目的执行步骤时，可以用文字列出关键节点，同时用流程图呈现整体框架。双重编码方式帮助你让信息在记忆中得到更深的加工和更强的关联，从而显著提升学习效果。

13 类比学习法

你有没有发现自己学习新理论、新概念总是很困难？其实，这并不是因为你不够聪明，而是你可能需要一种更有效的学习方法——类比学习法。这种方法可以帮助你利用已有知识来理解和掌握新知识。在学习新知识时，我们可以尝试找出它与已有知识的相似之处，从而明确新旧知识之间的具体联系。

例如，在理解"电流"的概念时，我们可以将其与"水流"进行比较——电流在电线中流动，就像水在管道中流动一样；不同材料的导线相当于不同材质的水管，其导电性能就像水管的通畅程度。这种对比可以帮助我们更直观地理解电流的特性，而不只是机械地背诵定义。

请记住，学习从来都不是从零开始，而是建立在已有知识的基础上的。

14 故事化学习法

我们的大脑在面对无序信息的时候学习效率会大打折扣，但是如果将其转化为有序的"故事"，学习效率就会大大提高了。这种方法被叫作"故事化学习法"，它通过把信息变成生动的记忆线索，使枯燥的知识点像小说一样连续而有趣。

例如，在学习供应链管理时，如果我们直接记忆"库存周转率＝售出商品成本／平均库存价值"这样的公式，可能会觉得枯燥难记。但是如果换一种方式，把它想象成一家超市每天进货、销售蔬菜的过程，就会变得直观很多：如果菜卖得慢但进货频率高，就会导致库存积压；如果库存太少，顾客来了却买不到，就会影响销量。这种具象化的方式，能让原本抽象的概念变得立体可感，让你在记忆时更容易联想，从而真正掌握知识。

15 深度学习策略

你有没有这样的经历：参加了无数次培训，认真听课、做笔记，甚至考了证书，可是一旦进入实际工作，还是常常出错？其实，问题并不是你没有花时间学习，而是所学的知识没有形成一个系统化的认知结构。这时，你需要运用深度学习策略，将不同的知识模块深度整合，形成稳固的知识网络。

深度学习就像拼拼图，它并不是简单地拼接碎片，而是分析每块拼图的凹凸形状、图案细节并寻找部分与整体画面的内在联系。当我们主动去挖掘知识之间的关联，把看似独立的技能、概念与已有的知识相结合，大脑就会像完成拼图一样，将知识深度整合，存储在长期记忆中，并在实际应用时迅速提取和迁移。这样，即使面对复杂的实际问题，你也能迅速从知识网络中找到相应的解决方案，而不是只能对单一的知识点生搬硬套。

16 记忆宫殿学习法

我们的记忆在大脑里的分布是有规律的，不同的信息会在不同的大脑分区中得到储存和管理。如果不把知识分门别类地整理好，在调取和使用的时候，这些信息就会变得杂乱无章。因此，使用"记忆宫殿学习法"显得尤为重要。

记忆宫殿学习法通过将知识按照特定的逻辑和结构进行归类，帮助我们在大脑中建立清晰的知识地图。这种方法不仅能够提升信息的存储效率，还能在我们需要时快速而准确地调用所需知识。例如，在学习产品知识时，可以将产品参数根据功能、适用场景等分别"存放"在记忆宫殿的不同"房间"中。这样在向客户介绍产品时，就能有条不紊地提取相关信息，避免混淆和遗漏。

17 认知负荷管理策略

请注意，过度地执行学习任务可能会让我们的大脑不堪重负。例如，在开会的时候，你却在处理报表、邮件和待办清单，结果导致开会的内容没记住，该做的工作也没有做好。想象一下，背包客在出发前把携带的装备分门别类进行收纳，和把所有东西乱塞一通相比，效率是不是高多了？学习也是如此，任务过多或安排不当，很容易让大脑陷入超负荷状态，导致效率低下。

　　我们可以每天设定明确的学习目标，将复杂任务拆解为小步骤，并为每个任务分配专门的时间段，避免同时处理多项任务。而且我们应当像背包客整理装备一样，将不同的学习内容分门别类、按优先级安排，让大脑有条不紊地处理信息。这样不仅能提高学习效率，还能减轻大脑负担，让知识吸收更高效。

18 锚点学习策略

许多人在面对复杂信息时，往往会感到无从下手，抓不住重点。这是因为复杂信息往往包含多个层次、多个维度的内容，如果缺乏有效的处理方法，就很容易被信息淹没，陷入困境。这时，"锚点学习策略"就显得尤为重要。

　　就像在茫茫大海中，船只需要依靠锚来固定位置，我们在学习复杂信息时，也需要找到那些能够支撑起整个知识框架的关键概念。锚点学习策略通过识别和抓住信息中的关键点，逐步构建对整体信息的理解。具体来说，锚点学习策略可以分为以下几个步骤：首先，快速浏览信息，识别出主题、关键词等显著的"锚点"；其次，将这些锚点与相关的、已知的知识建立联系，形成知识网络；最后，通过锚点逐步扩展，填充细节，完成对复杂信息的全面掌握。这种策略的优势在于，它能够帮助我们抓住核心，化繁为简。

19 联想学习法

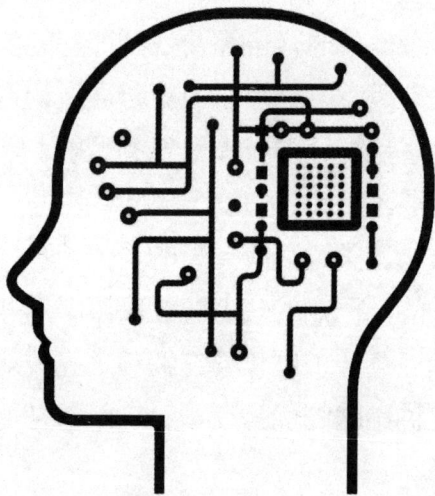

通过联想进行学习的效率比你想象的更高！联想学习法是一种通过将新知识与已知信息建立联系，从而加深理解和记忆的学习方法。联想学习法就像用橡皮筋绑东西，把新知识和你熟悉的任何东西自由联系起来，类比学习法则是将新知识与已知知识进行类比。

联想记忆能帮助我们将知识放入具体的场景中。例如，学习历史事件时，可以想象自己身处当时的场景，通过视觉、听觉等感官联想加深记忆。这种方法不仅高效，而且灵活，能够帮助我们在学习新知识时，快速建立联系、加深理解，并形成长期记忆。

20 康奈尔笔记法

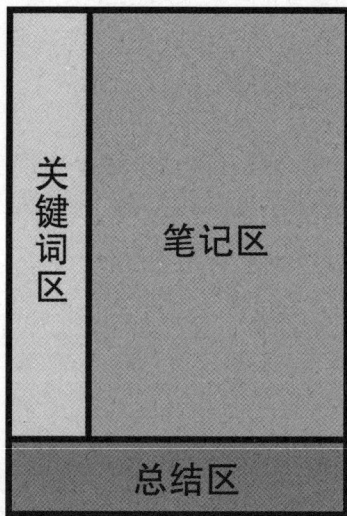

关键词区

笔记区

总结区

如果没有掌握合适的做笔记方法，你的笔记就有可能像打翻的颜料盘，各种信息杂乱无章，再次翻看的时候无法准确回忆知识点，最终导致无效学习。不妨试试康奈尔笔记法，它是一种高效的知识整理和记忆方法，也许对你做笔记很有帮助。

它将笔记页面分为三个部分：左侧是"关键词区"，右侧是"笔记区"，而底部则是"总结区"。在使用时，我们可以先在右侧记录课堂或阅读中的主要内容，随后在左侧提炼出关键词或核心问题，最后在底部总结出整体框架或核心观点。这种方法不仅能帮助我们将复杂信息结构化，还能让我们通过关键词和总结快速回顾和复习，提升学习效率。

21 思维导图法

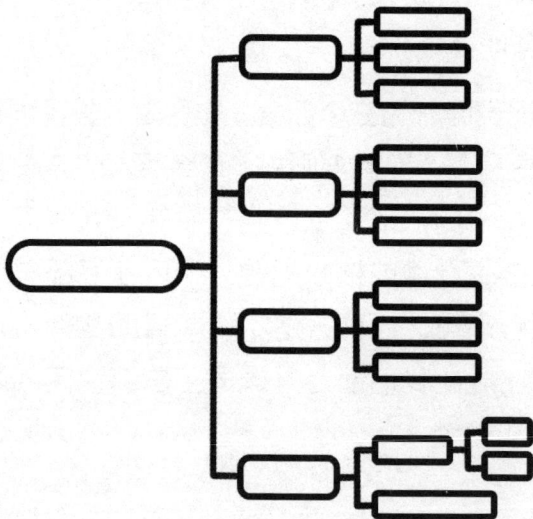

你是不是经常遇到这样的场景？手头同时跟进好几个项目，每次在周会上汇报时总感觉逻辑混乱。这种信息过载带来的混乱感，正是思维导图法能精准解决的职场难题。

思维导图法本质是用视觉化方式梳理思路的方法。它从一个中心主题出发，像树枝生长般延伸出关键词、分支概念，通过线条、颜色和简图构建知识网络。这种结构符合大脑的发散性思维，能帮助我们在复杂任务中快速抓住重点。

想象你正在准备跨部门协作方案：先给中心词"项目优化"画个圆圈，延伸出"痛点分析""资源整合""执行流程"三个主分支。每个主分支下用彩色标注具体措施，比如在"资源整合"旁画出电话图标，提醒自己需要沟通的部门。将原本零散的想法进行视觉重组，不仅使汇报条理清晰，也能避免在执行阶段遗漏关键环节。

22 概念图学习法

面对复杂的项目资料时，我们常常感觉信息像碎片一样散落，找不到逻辑。"概念图学习法"能帮你将混乱的信息结构化，从而大大提高学习和记忆的效率。

概念图是一种用图形梳理知识的方法。它的核心很简单：先找到核心主题，再围绕主题列出关键点，最后用线条和简短的文字标明它们之间的关系。例如，学习项目管理时，核心主题是"项目流程"，分支可能包括"需求分析""任务分配""进度跟踪"等，再进一步细化每个分支的具体步骤和关联条件。在概念图中，众多节点连接、交织在一起形成网状结构，思维导图则是从中心主题向外发散的树状结构。

一个典型应用场景是快速掌握新领域技能。比如公司要推行新系统，你需要在短时间内理解其运行逻辑。通过视觉化的连接，你就能一眼看出哪些环节是重点、哪些步骤容易出错。

23 学习地图策略

你是否有过这样的经历：报名了行业课程却半途而废，收藏了很多干货文章但再也没点开过？这正是碎片化学习时代职场人的共同困境。

学习地图策略是一种将学习内容可视化为地图的方法，像画一张地图一样，将碎片化知识连接起来，形成清晰的路径。例如，你可以将三个月掌握数据分析这个小目标，拆解为学习 Excel、掌握可视化工具、项目实战等步骤。你需要标注每个节点之间的逻辑关系，这样就能通过一张图掌握全局。

假设公司让你牵头筹备一个项目，你可以先梳理现有技能与目标能力的差距，再根据项目时间线反推学习时间线。比如前两周集中学习协同工具，中间三周研究行业案例，最后两周设计落地方案。在过程中随时根据项目进展调整地图，既能避免因突发需求手忙脚乱，又能清晰地看到成果的积累过程。

24 笔记流学习法

你有没有过这样的经历：参加完一场行业会议，笔记本上记了十几页零散内容，第二天再看却像天书，根本找不到重点？在这个信息爆炸的碎片化时代，如何让知识真正在脑海中沉淀下来，而不会像沙子一样从指缝中轻易流走？想要做到这点，不妨试试"笔记流学习法"。不同于逐字记录的方法，它要求你在接收信息时，用关键词和箭头实时构建知识网络。比如听到"提升客户满意度"时，立刻写出"需求分析→服务优化→反馈闭环"三个节点，每个节点下只记核心词或数据。

这种动态记录方式特别适合职场人用来应对复杂的培训场景。参加产品发布会时，不必纠结于 PPT 上的专业术语，而是快速捕捉其中的关键词和逻辑链条。会议结束后，只需花很少的时间用不同颜色补全遗漏点，就能得到一张自带记忆提示的知识图。

25 可视化学习策略

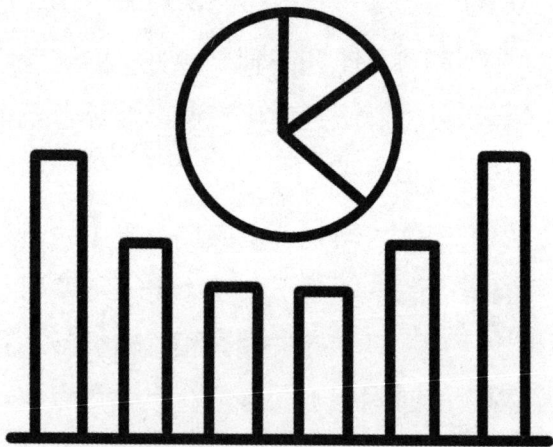

面对复杂的业务流程，不知道从哪下手？这正是职场人时常遇到的困境——抽象信息过多，难以消化。

可视化学习策略通过将文字、数据转化为图形图像来辅助记忆。例如思维导图、概念图都是常见的可视化方式。这种策略利用了人类大脑对图像的快速捕捉能力，能显著提升记忆效率，在需要快速掌握复杂系统时特别有效。比如接手新业务线时，用流程图拆解上下游环节，不仅能看清全貌，还能发现隐藏的瓶颈点；与团队同步信息时，一张可视化的项目进度图，往往比口头说明效率高得多。

该策略的妙处在于，原本散落在邮件、表格、会议纪要里的信息碎片，经过视觉重组后形成清晰明了的知识网络。这一策略既能让职场人避免"学完就忘"的尴尬，又能将隐性经验转化为可复用的思维模型。

26 子弹笔记法

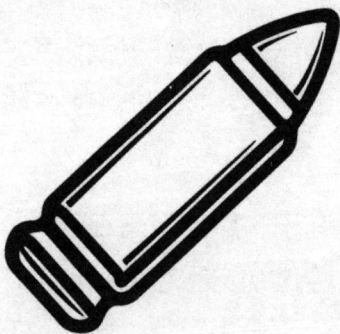

我们最怕的不是工作量大，而是在手头同步推进好几个项目时，突然被拉去开会——手上的工作还没做完，又被布置了一堆事项。子弹笔记法正是为这种混乱场景而设计的效率工具，用一支笔就能让大脑从混乱中解脱出来。

这个方法的精髓在于用符号快速区分任务类型：圆点代表待办事项，横线记录想法，星号标注重点任务。每天早晨花 5 分钟把待办清单按"今日必做""后续跟进""参考资料"分类，每完成一项就画上勾，未完成的用箭头迁移到新日期。每周结束时花半小时，像整理衣柜般重新审视所有任务，把需要持续跟进的内容转移到新的笔记页。

这种可视化记录方式能避免遗漏任务。想象一下，月底翻看笔记时，所有工作痕迹都清晰地展现在你的面前。

27 麦肯锡笔记法

图中圆环由三个箭头组成：问题、分析、行动

在会议上记了满满三页笔记，散会后却找不到重点，怎么办？职场人常陷入"无效记录"的困境——笔记看似完整，却无法转化为行动方案。不用着急，麦肯锡笔记法通过"三分法"破解这一难题。将笔记页面划分为三个区域：左侧记录核心问题或关键事实，中间区域记录对逻辑链条和因果关系的分析，右侧则直接写下待办事项。这种结构化的记录方式，能让思考始终聚焦在"问题—分析—行动"这一主线上。

例如在项目推进会上，用左侧记录卡点问题，中间分析资源调配的可行方案，右侧明确各环节的责任人及时间节点。会后无须二次整理，直接根据右侧的"行动池"推进工作，避免因理解偏差导致执行滞后。通过建立"输入—处理—输出"的闭环，麦肯锡笔记法能高效地将碎片信息转化为可执行的解决方案。

28 认知学徒策略

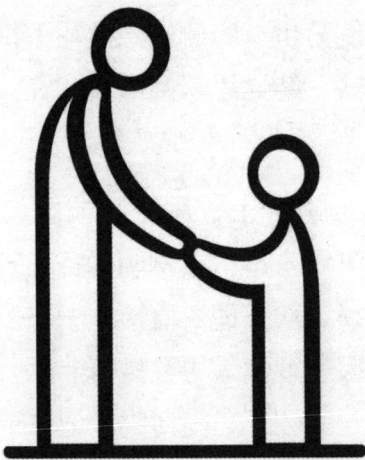

刚入职的新人常陷入这样的困境：导师甩来一摞操作手册，同事忙得没空指导，自己摸索了三天还卡在第一步。这种孤立无援的学习状态，正是认知学徒策略要解决的痛点。这一策略由认知心理学家柯林斯和布朗提出，它主张像传统工匠带学徒一样传授技能：专家不是直接灌输知识，而是先示范完整的工作流程，再分解关键步骤并指导实践，最后逐步放手让学习者独立操作。

在需要隐性经验积累的场景中，这一策略十分适用。比如跨部门协作项目，新手可以在导师指导下尝试协调小型会议，逐步掌握沟通技巧。在此过程中学到的不仅是操作步骤，更重要的是决策逻辑和问题预判能力。你在练习技能时，如果出现"一看就会，一干就废"的情况，不妨主动向高手请教如何处理问题，记录他们的解决路径，再从小任务开始实践，最终形成自己的方法论。

29 合法的边缘性参与策略

刚接手新项目时，你是否总担心自己能力不足，不敢贸然行动？不用担心，面对这种"新人困境"，有一种学习策略特别有效——合法的边缘性参与。它的核心是：先站在"边缘"观察和参与，再逐步深入核心任务。刚接手项目的职场新人无须立刻独当一面，而是可以通过协助同事处理基础工作，如整理数据、记录会议，边做边学，为后续的工作积累经验。

例如在公司开拓新市场的时候，你虽不熟悉流程，但可以主动参与前期调研、整理竞品信息，甚至申请旁听核心会议。在此过程中，既能观察资深同事的工作思路，又能通过实际操作理解专业知识和逻辑。这种"由外到内"的参与方式，既降低了职场新人的学习压力，又能让员工快速构建对全局的认知。

30 模仿策略

当你接到一个完全陌生或者十分复杂的任务，而你完全不知道从何下手时，模仿策略能帮你快速找到突破口。它的核心是通过观察和拆解优秀案例的行为模式、思维逻辑，再通过刻意练习将其转化为自身能力。比如，当你想提升会议发言的条理性，可以先观察公司里公认的"沟通高手"如何组织语言，看他们如何开场、如何用案例支撑观点、如何用提问引导互动。将这些细节拆解后，再在自己的发言中模仿运用，逐步形成自己的风格。

模仿是迈向成长的第一步。掌握模仿策略，你会发现，任何复杂的任务都可以找到切入点，从而让学习变得高效。需要注意的是，模仿不是照搬，而是要理解背后的逻辑。比如学习优秀同事的汇报框架时，重点不是复制每页 PPT 的配色，而是思考他们如何用数据讲故事、如何将复杂信息简化，这样你的汇报能力才会越来越强。

31 结对学习策略

独自啃专业书籍时总忍不住刷手机，线上课程看到一半就犯困……我们遇到这类学习困境的原因往往不在于缺少资源，而在于无法克服独自坚持的孤独感和遇到难题时的无助感。在这个时候，不妨试试"结对学习策略"，寻找一个学习搭档，通过定期交流、互相监督的方式共同成长。你们可以约定每周三晚上通过视频通话复盘学习进度，把难懂的知识点拆解成思维导图分工研究，遇到难题时实时共享屏幕探讨解法。这种模式既保留了自主学习的灵活性，又通过同伴相互鼓励保持行动力。

在需要快速掌握跨领域知识时，结对学习策略特别有用。比如市场部员工要学习基础编程，与技术部同事结对后，既能获得专业指导，又能帮对方理解代码的实际应用场景。这种双向赋能的关系，往往能让枯燥的学习过程变成充满成就感的协作探索。

32 小组学习策略

手机里明明存着课程视频，却总在空闲时间刷短视频；买了专业书籍，3个月都没翻到第三章。这是许多人独自学习时的真实写照。要想利用好碎片化的时间，集中注意力尤为重要，组建3~5人的学习小组可能是破局的关键。

小组学习策略源自教育专家的长期观察：当人们以协作的方式学习时，通过提问、讨论、复述等互动行为，知识留存率是独自学习的数倍。相对于个人学习，小组机制天然具备互相监督、思维碰撞、经验互补三重优势。

假如团队需要集体掌握新技能，例如数据分析工具，与其各自埋头苦学，不如每周固定1小时组队学习。成员轮流讲解本周掌握的功能模块，用实际工作数据演练操作，其他人即时追问细节。小组学习策略从多维度进行知识串联，能直击痛点。

33 社群学习策略

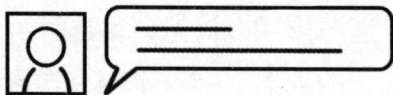

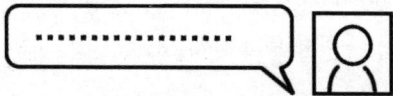

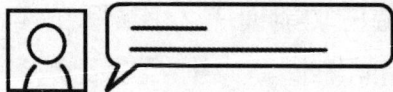

你是否遇到过这样的困境：想学新技能却总坚持不下去，独自摸索时效率低下，遇到问题只能对着电脑发愁？这种孤立无援的状态，正是许多职场人在学习路上卡壳的重要原因。

社群学习策略通过与他人分享经验、讨论疑问、互相激励来提升学习效果。社群学习与小组学习不同，小组学习侧重小团队紧密合作攻克难关，社群学习侧重大集体交流分享。

这种模式不仅能加速知识吸收，还能在互帮互助中增进社群成员之间的关系。一个人看到其他人进步时，也会被激发出更强的学习动力——这就是社群学习的魅力。

34 学习共创策略

你是否有过独自整理项目文档到深夜，却发现同事早就总结过类似经验的经历？不妨试试学习共创策略！这个策略强调将学习从个人行为升级为集体行动。比如团队在完成重点项目后，可以组织复盘会：有人分享技术难点，有人梳理流程漏洞，还有人补充客户反馈，最终共同整理出一份立体化的经验手册。这种共同创作的学习方式不仅能避免知识断层，还能通过不同视角碰撞出新思路。就像拼图游戏，每个人贡献一块碎片，最终才能看清全貌。

日常工作中，一线员工可以将客户需求整理成案例库，技术骨干则用通俗语言拆解操作难点，管理者再结合战略方向提炼底层逻辑。这种共创模式既能加速团队知识迭代，又能让每个参与者产生被需要的价值感。

35 哈柏露塔学习法

据说哈柏露塔学习法是犹太人常用的学习方式，这种方法强调两个人结成学习搭档，通过对话、辩论和互相挑战来深入理解知识。与结对学习策略侧重相互鼓励不同，哈柏露塔学习法更强调相互挑战。

你可以找一位同事作为学习伙伴，与其共同研究某个专业领域或新技术。比如准备职业资格考试时，两人轮流讲解知识点，一人负责阐述某个概念或原理，另一人则不断提出问题和质疑："你确定是这样理解的吗？""这个知识点还有其他应用场景吗？""为什么不是另一种解释？"通过这种互相挑战的方式，你们能发现单独学习时容易忽略的盲点，加深对知识的理解，并培养更深层次的思考能力。

36 SQ3R 阅读法

职场中，我们常被堆积如山的报告、邮件和文档淹没，阅读时容易分心或记不住关键信息，导致决策慢、效率低。SQ3R 阅读法就是帮你解决这个痛点的利器！它由五个简单步骤组成：先快速浏览（Survey）材料的整体结构，比如标题和图表；然后提出问题（Question），思考你想了解的内容；接着仔细阅读（Read）正文，寻找答案；之后复述（Recite）重点，用自己的话总结；最后复习（Review），强化记忆。这个方法让阅读不再是负担，而是高效学习的过程。

比如，在职场中处理一份新的项目计划书时，你可以应用 SQ3R 阅读法：浏览文档框架，提出"项目目标是什么"等问题，阅读细节，复述核心策略，再复习确保掌握要点。这样不仅能避免遗漏关键信息，还能提升理解和应用能力，让你在快节奏工作中更有效地吸收知识。

37 多感官学习法

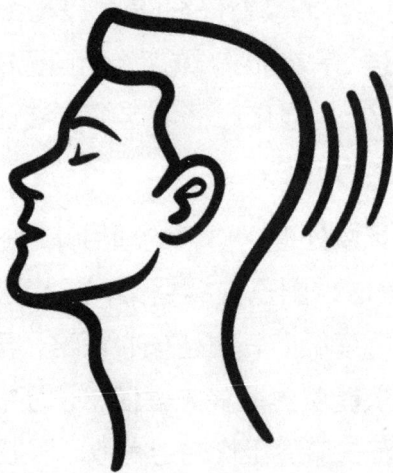

听了一下午的课，但对其中某些内容无法完全理解。原因可能在于，只有单一感官参与了学习过程，因此不妨试试多感官学习法来破解这一难题。

这种学习策略的核心在于同时调动多个感官参与学习。例如在学习新软件操作时，你可以既观看教学视频（视觉），又同步收听讲解（听觉），同时练习使用快捷键的动作（动觉）。研究发现，当多种感官协同工作时，大脑神经元会建立更多连接，记忆点也随之增加。

职场中，这一方法有助于快速掌握复杂技能。销售人员在模拟与客户沟通时，可以结合角色话语（语言表达）、观察对方表情（视觉分析）和记录对话要点（书写记忆）。多感官的叠加使用，能让抽象知识转化为可调用的多感官记忆。

38 问题驱动学习法

在职场中，你是否曾苦于面对新问题时，脑袋一片空白，不知从何入手？问题驱动学习法正是解决这些痛点的钥匙，它帮你把工作难题变成学习机会，这样你将学得又快又牢。

简单来说，问题驱动学习法就是以真实问题为起点，边解决边学习。比如工作中遇到一个具体挑战（如提高流程效率），你不应该先啃理论教材，而应该直接围绕这个问题去查资料、请教同事、尝试方案，在行动中自然吸收所需知识。整个过程像探险：问题是指南针，学习是旅途，答案在终点等你。

想象一个典型场景：团队接到新任务时，大家先列出关键问题（例如"如何减少客户投诉？"），然后分工研究、讨论、测试。这样不仅能快速提升技能，还能激发创新思维，让学习直接转化为工作成果。

39 沉浸式学习法

下班后打开网课，手机却弹出好几条群消息，瞬间学习动力全无，这是不是你的日常？职场人最缺的不是学习资源，而是能真正投入学习的时间。沉浸式学习法能帮助你主动创造一个让自己完全进入学习状态的环境。沉浸式学习法不要求我们刻意背诵或机械重复，就像学游泳必须下水一样，需要我们把知识融入真实场景中持续运用。

应用这个方法时，试着给自己规划一个学习空间，每天固定抽出 1 小时，关闭社交软件，用工作场景中需要解决的问题来驱动学习。比如销售可以集中分析与客户沟通时的录音，运营可以拆解爆款案例。当学习内容与工作场景高度重叠时，你会自然理解和掌握相关知识。这不仅是职场中的时间管理技巧，更是对抗碎片化时代的学习策略。当我们把学习变成习惯而不是任务，成长会自然而然地发生。

40 项目制策略

很多人都经历过这样的事情：报了一堆线上课程，每一节都认认真真看完，但总是学完就忘。改变这种低效学习状态对职场人的事业发展至关重要，而项目制策略正是破解这一难题的实用方法。

简单来说，项目制策略就是通过完成实际工作项目来掌握新技能。比如你想掌握数据分析，与其埋头看教程，不如参加一个数据分析相关的项目：用 Excel 分析部门季度销售数据，输出可视化报告。从明确分析目标、整理数据、学习公式到制作图表，每一步都对应真实的工作需求。这种"以终为始"的方式，能让你在解决问题的过程中自然吸收知识，同时积累可直接用于职场的实践成果。你可以通过在工作中完成一个个小项目，将抽象的知识转化为具体行动路径，这样既能保持学习动力，又能避免学用脱节。

41 体验式学习策略

你有没有遇到过这样的困扰：一参加培训就觉得非常累？职场中，脱离实践的填鸭式学习常常让人觉得很疲惫。所以应该转变思路，"先做再学"，使用体验式学习策略，通过亲身参与和反思来掌握知识。想象这样一个循环模式：先尝试完成一项任务，再回顾过程中的得失，总结经验，最后将改进方案应用到下一次行动中。

学会了这一策略后，每当你需要提升协作能力时，你会觉得，与其听理论课，不如主动牵头一个小型项目。过程中你会遇到沟通障碍、目标冲突等问题，而每一次解决问题的尝试，都会让你更清楚如何平衡多方需求、如何建立信任。项目结束后，通过复盘会议总结成功经验和失败教训，这些收获往往比课堂知识更加深刻。

42 具身认知学习法

"学得快、忘得更快"的困境在职场人士中十分常见，而问题根源可能在于我们总在用大脑"硬记"知识。具身认知学习法主张，学习不是大脑的"独角戏"，身体也是学习的参与者。研究发现，当人们调动肢体动作、感官体验甚至情绪反应时，知识会像刻刀般在记忆里留下更深的痕迹。比如学习沟通技巧时，单纯背诵远不如模拟真实对话场景有效。你的手势、表情和声调变化，都在帮大脑建立立体记忆锚点。

我们可以用这个方法突破机械记忆的局限：学习新技能时，尝试用肢体动作辅助理解，例如用手比画流程图；或为抽象概念创造具象化体验，例如通过角色扮演体会客户心理。身体就像一台外接硬盘，当我们允许它参与学习过程，枯燥的信息便有了温度和趣味。

43 情境模拟法

在电梯里突然被领导问起不熟悉的项目进度，在会议中被客户质疑方案的可行性……职场中这些令人心跳加速的突发场景，往往暴露了我们准备不足的短板。如果使用"情境模拟法"，通过场景预演，预测可能发生的情况，在脑海中或实际演练中反复模拟对话流程、突发状况及应对方案，等遇到意外状况时，你往往会从容得多。

　　这种方法的核心在于将未来压力转化为当下具体的行动，在你反复模拟最糟糕的情况后，真实的突发状况会成为可预见的剧本。这不仅能降低面对未知的焦虑感，还能让你通过反复修正行动细节，形成肌肉记忆般的应变能力。

44 案例学习法

凌晨盯着电脑屏幕改方案时，你可能会突然意识到：那些学过的理论套在实际问题上总是会脱节。职场人最怕的就是知识停留在纸面，遇到突发状况还是手忙脚乱。在这个时候，"案例学习法"就对你很有帮助。它要求我们系统拆解真实发生过的事件，比如某公司如何化解公关危机，或某个团队如何实现业绩翻倍。重点不在于记住案例结果，而在于揣摩当事人的思考路径：当时他们面临哪些限制条件？为什么选择 A 方案而非 B 方案？如果环境变化会产生什么连锁反应？

这种学习方式特别适合需要快速积累经验的场景。当你接手新项目时，不妨先收集 3~5 个类似项目的操作案例。注意观察其中的关键转折点——某个决策如何影响后续进程，资源调配的优先顺序有何讲究。通过反复比对不同案例，摸清底层规律，你会逐渐形成自己的决策框架，在遇到突发状况时能快速反应。

45 角色扮演策略

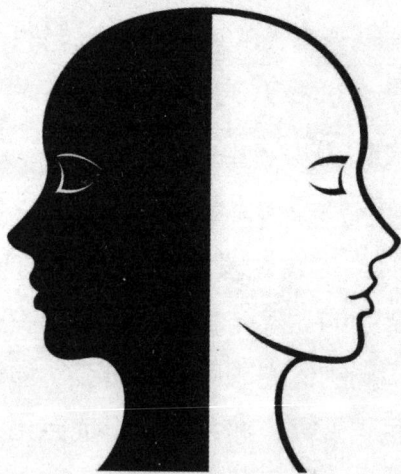

当你提出的方案被客户反复质疑时，你是否觉得自己不被理解，和对方沟通如同鸡同鸭讲？职场中，人们常因视角单一而错失良机，角色扮演策略或许能够帮助你打破这一困境。角色扮演策略并非让职场人"演戏"，而是通过主动代入他人视角，模拟不同身份思考问题。这种思维切换能让人跳出惯性逻辑，发现盲点，从而带来认知升级。

在团队会议中，你可以试试"角色反转"。比如讨论新项目时，技术部门从市场视角，基于用户需求提出疑问；市场团队则从技术视角，思考可行性。这种碰撞不仅能避免自说自话，还可能激发出融合多方需求的最佳方案。它不需要复杂流程，只需在关键决策前多问一句："如果我是对方，会怎么想？"这种思维习惯，能帮职场人在冲突中寻找共识，在创新中突破瓶颈。

46 运动辅助学习策略

白天盯着电脑处理工作，晚上想学新技能时大脑像灌了铅。现在有很多人既要应对高强度工作又要持续充电，但久坐和用脑过度的状态，反而让学习效率越来越低。研究发现，适度运动会让大脑进入更活跃的状态，就像给生锈的齿轮加了润滑油。运动不仅能促进血液循环，还能帮助大脑建立新的神经连接，让理解和记忆变得更高效。因此不妨使用"运动辅助学习策略"，将身体活动与知识吸收相结合。

　　一个典型场景是处理复杂工作后的学习时段，与其瘫在椅子上刷手机，不如起身做10分钟开合跳或靠墙静蹲。当身体动起来时，血液向大脑输送更多氧气，原本卡壳的思维可能会突然变得清晰。这种状态下阅读行业报告，你会发现重点内容自动"跳"进脑海，并且在整理项目经验时，零散的片段更容易串联成体系。

47 王阳明事上磨炼法

有些人每天虽然忙碌却感觉能力停滞，遇到挑战时总想"等准备好了再行动"。明代思想家王阳明提出"事上磨炼"，即"人须在事上磨，方立得住，方能'静亦定，动亦定'"。真正的成长不在书本里，而在处理具体事务的过程中。

这种方法强调"借事修心"，把工作难题视为修炼场。比如面对跨部门协作的摩擦时，不逃避也不对抗，而是将矛盾当作打磨沟通能力的契机。先调整呼吸平复情绪，再以"这件事教会我什么"的角度拆解问题，最后带着解决方案主动沟通。这种练习能锻炼专业能力和增强心智韧性。

职场中的碎片时间也能用于磨炼自己。处理客户投诉时，可刻意练习换位思考；整理数据报表时，可尝试用新工具提升效率。每一次主动突破舒适区的行动，都在悄悄重塑着我们的思维模式和工作习惯。事上磨炼法的精髓在于：不是等厉害了才做事，而是做着做着就变厉害了。

48 费曼学习法

对着 PPT 讲不清业务逻辑，读完冗长的报告后仍是一头雾水，相信你也遇到过这些问题。出现这些问题往往是因为被动接收信息却未真正理解。诺贝尔奖得主费曼提出的学习法，正是解决这一痛点的利器。

费曼学习法的核心是"用教学倒逼理解"。它的步骤很简单：学习一个概念后，尝试用最通俗的语言解释给外行人听，同时找到自己的知识盲区重新学习，直到能通过清晰表达使外行人也听得懂。这种方法要求你不使用复杂的专业术语，促使你理解知识间的联系。

例如接手跨部门项目时，你可以先学习基础资料，随后假装给同事做 10 分钟培训。过程中一旦发现自己逻辑混乱或卡壳，立刻查漏补缺。经过 3~4 轮这样的"教学演练"，讲述复杂流程会变得像讲故事般顺畅。真正厉害的学习者都懂得：能教会别人，才是真掌握了知识点。

49 西蒙学习法

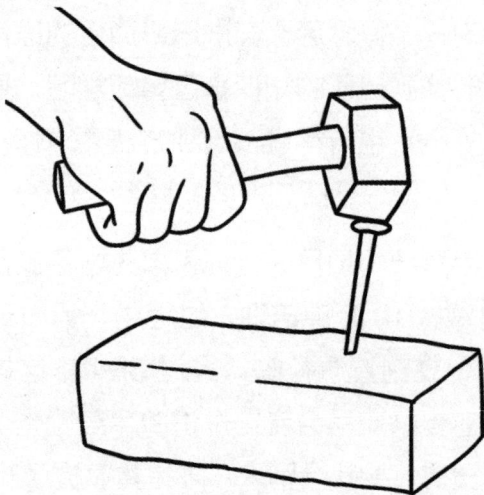

连续三天加班后，你望着收藏夹里堆积的行业报告和技能课程，既焦虑又无奈。职场人总在"想学"和"没空学"之间挣扎。面对这一难题，我们可以像用锥子穿透木板那样，在一定时间内，把全部精力集中在单一、狭窄的领域，持续专注地攻克它，成为这个领域的专家，这种方法被称为西蒙学习法。

这个方法尤其适合需要快速掌握关键技能的职场人。当你需要在掌握新岗位的多种核心能力时，不必贪多求全，先筛选出其中一种，每天腾出一小时深度钻研，持续学习一段时间，如三个月、半年。然后你会发现，原本模糊的知识版图会在持续的探索中变得清晰和完整。

50 未来自我对话法

下班后瘫在沙发上刷短视频时，你是否总想着"明天再开始学习"？这种问题背后，都是当下的"你"和未来的"你"在互相拉扯。未来自我对话法，是通过与想象中的"未来自己"对话，帮助当下做决策的学习策略。比如你在犹豫是否要报名课程时，可以问自己："三年后的我会不会后悔今天的选择？"这种思考方式能把模糊的未来转化为具体可感的画面，从而打破拖延惯性。

这个方法特别适合用于职业进阶的关键节点。当你想考取专业证书却怕辛苦时，试着在睡前花五分钟想象：获得证书后的自己正在会议上自信发言，魅力四射。这种心理预演不仅能提升行动力，还能帮助你筛选出真正重要的目标。毕竟，那个"未来的你"不会为无关紧要的事付出努力。

51 反事实学习策略

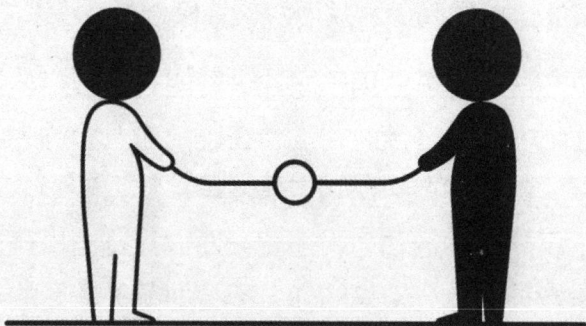

你是否曾在工作中陷入这样的懊恼："如果当时再仔细检查一遍数据，方案就不会被驳回""要是提前和客户确认需求，项目进度就不会卡住"……这种事后后悔的心态，可以通过一种高效的学习策略加以改善——反事实学习。我们不应纠结于过去的错误，而应通过假设不同选择带来的结果差异，主动挖掘经验。当我们不再把失误归咎于运气，而是把"如果当初"的假设落地为"下次可以"的行动清单，每一次挫折都会成为我们升级认知的跳板。

反事实思维尤其适用于复盘复杂任务或突发事件。例如处理客户投诉后，除了总结实际采取的措施，还可以设想"如果一开始就提供备选方案""如果沟通时更强调共情"等不同应对方式，通过对比找到更优解。这种学习方式不仅能避免重复犯错，还能推动团队从多角度优化协作流程。

52 主动学习策略

学习如果仅仅停留在被动吸收的层面，往往会陷入快速遗忘的困境。真正有效的学习，不是坐等别人把知识灌输给自己，而是主动出击，在思考、实践和反馈的循环中不断强化理解和记忆，并在这个过程中不断调整学习方向。

主动学习策略要求我们带着问题去学习。比如在团队内部培训中，你可以列出自己在工作中遇到的几个问题，这样，你不仅能确保培训内容与你的实际需求紧密相关，还能在学习过程中更加专注并更快抓住重点。这种带着目标的学习方式，既能提升信息留存率，也能促进知识转化为实际工作能力，帮助你从知识的搬运工转变成问题的解决者。试着在下次学习前多问一句："这个内容能解决我哪方面的困惑？"你会发现，答案永远藏在行动里。

53 自我解释法

你是否遇到过这样的困扰：参加完培训却记不住关键内容，看完操作手册仍不会用新系统？这类困境，其实可以用"自我解释法"破解。

自我解释法是一种主动思考策略，核心是在学习过程中不断向自己提问并解答。每天花 5 分钟对学习内容进行自问自答，你会发现知识留存率显著提升，应用时也能更快抓住重点。

职场中比较适合使用自我解释法的场景，是学习新技能或处理复杂流程的时候。面对陌生的操作指南或行业报告时，你可以边看边问自己每个步骤的目的和原理。比如学习数据分析工具时，不仅要记住点击哪个按钮，还要解释例如"为什么在这步要筛选数据""图表类型的选择如何影响结论呈现"等问题。这种主动加工信息的过程，能让你真正理解底层逻辑，而非机械地记忆表面操作。

54 体系化学习策略

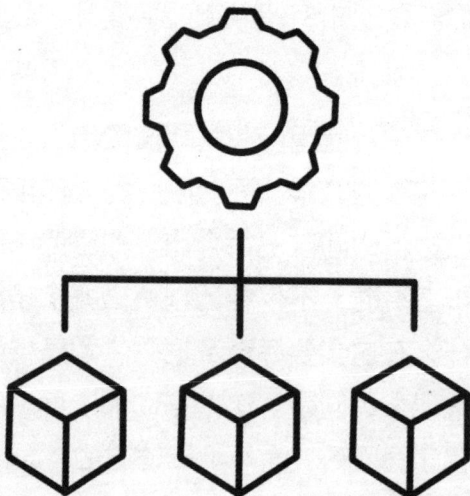

学习了许多线上课程，在好几个笔记本上写满了笔记，真正要用的时候却发现知识像散落的珠子，怎么也串不成项链。这正是碎片化学习带来的隐形陷阱。要想规避这一点，要先建立主干知识体系，再逐步添加零散的知识点，让它们产生联系，形成网络。

比如当需要掌握组织多人协作的技能时，不妨先绘制知识地图：沟通技巧是基础树干，向外延伸出需求分析、利益协调、冲突化解三大主枝，每个主枝再细分出具体方法。例如接触"敏捷会议"这一新概念时，不是孤立地记忆术语，而是将其挂在"需求分析"的枝干上，与已有的"需求优先级排序"方法形成联系。这种体系化的知识能让你在应对突发会议时，快速调用整个知识网络，而不是手忙脚乱地翻找零碎的笔记。当你开始用体系化思维重组知识，那些曾经零散的碎片，终将编织成助你破局的知识之网。

55 目标分解法

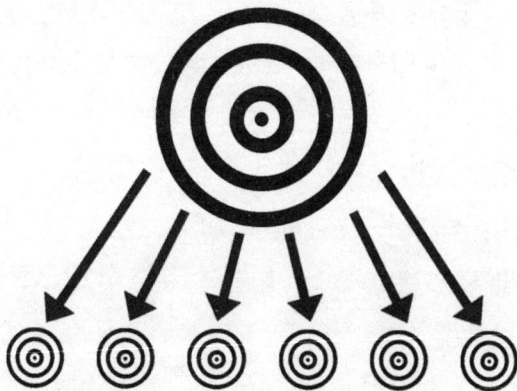

许多人并非缺乏决心，而是常常被大目标压得喘不过气。目标分解法，就是将宏大的目标拆解为具体、可执行的小步骤。这种方法能够降低行动门槛，用阶段性成果帮你积累信心。

例如，当你需要主导一个部门项目时，可以先将任务拆解为"调研需求—制定方案—协调资源—落地执行"四个阶段。每个阶段再细化为每周甚至每日任务，例如"周一完成与三个部门的初步沟通"。通过拆分，复杂任务变得清晰可控，你还能随时根据进度调整策略。

目标分解法不仅能缓解焦虑，还能通过完成小目标的成就感维持动力。职场中的长期规划、技能提升甚至人际关系维护，都可以用这个方法化整为零。记住，再远的路，一步一步都能走完。

56 时间块学习法

你是否经常被微信消息、临时会议和待办清单弄得精疲力尽？明明忙了一天，却觉得重要任务毫无进展？时间块学习法正是帮你夺回时间掌控权的利器。

研究发现，频繁切换任务会让我们的工作效率大幅下降，而时间块法则像给大脑装上"防干扰罩"。这种方法的核心是把时间切割成固定长度的"块"，比如 30 分钟或 1 小时。每个时间段只专注处理单一任务，就可以减少注意力损耗，让大脑进入更长时间的深度工作状态。

在职场中适合用时间块法攻克需要专注的任务。比如撰写年度报告时，提前向同事说明"未来 1 小时不会查看消息"；处理完核心任务后，再集中回复邮件和消息。你可以将一天分为"深度时间块"（处理复杂工作）、"协作时间块"（开会讨论）和"缓冲时间块"（处理琐事），不同时间段使用不同颜色的便签或电脑壁纸，用视觉信号提醒自己保持专注状态。

57 学习金字塔策略

强打着精神学习，第二天却发现知识在大脑中没有留下多少痕迹。我们最怕的不是学不会，而是学了白学。

学习金字塔策略揭示了不同学习方式的效果差异：通过主动输出的方式（例如讨论、实践）学习，记忆的留存率比被动输入的方式高得多。比如学习新软件时，你可以分三步走：先看操作视频（被动输入），再用自己的话总结关键步骤（主动整理），最后模拟真实应用场景反复演练（模拟实战）。这三个层次的学习活动，就像金字塔，越往下深入，知识留存就越牢固。

当需要掌握新技能时，别急着闷头苦学，先规划"被动输入→主动整理→模拟实战"的递进路径。这种层层升级的学习方式，比单纯听课记笔记的效率高得多。

58 学习日志法

你是否曾感到明明投入了不少时间精力学习，却始终不见效果？在这个时候，你可以将自己的学习过程写成日志，方便随时查看和复盘。

学习日志法就像给大脑装了一台记录仪，每天用 5 分钟记录三个关键点：今天学了什么内容（例如主要知识点）、用什么方式学的（例如听课、实践、讨论）、遇到了什么困难（例如理解障碍）。这种看似简单的记录，能帮你抓住知识碎片。

一个典型场景是销售员学习直播带货技巧：持续记录开播前的准备工作清单、直播中观众提出的常见问题、师傅教的产品介绍话术。一周后回看日志时，不仅能清晰看到自己的进步轨迹，还能发现自己在介绍某款产品时频繁出现的失误。这时候调整学习方向，就能摆脱无效重复的学习状态，精准突破。

59 学习复盘策略

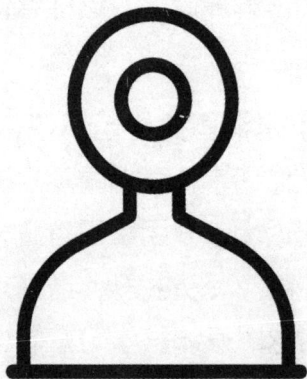

投入大量精力的项目结束后，同样的错误可能会在下一个任务中重复出现。如果我们学不会复盘，总是进行低效学习和重复试错，就会越忙越焦虑。

学习复盘的核心，是通过回顾、分析、改进三步法，把零散的经验转化为长期能力。它不是简单的总结，而是带着问题梳理学习过程：哪些方法有效？哪些环节浪费了时间？如果重来一次，哪些步骤可以优化？通过这种主动反思，知识才能真正扎根在脑海中。

比如我们在完成职业技能培训后，可以立刻用学习复盘策略：先花 10 分钟回忆课程重点，再用 20 分钟写下三个立刻能用的技巧和一个需要深入理解的概念，最后列出第二天工作的具体计划。这种有目标的复盘，能帮助你走出"低水平重复"的困境，让新知识快速应用于工作场景。

60 学习仪式策略

你是否曾刚翻开书就忍不住刷手机，回过神来已是深夜？你的学习困境往往不是由于缺乏时间，而是难以进入专注状态。专注力的缺乏，常常让人感到焦虑和无力，进而导致拖延和低效的学习。找到一个切入点，给自己设定一个明确的"开始学习"的心理暗示，便是解决之道。

从明天开始，你可以按照固定流程给自己设计一个"开始学习"的仪式。你可以设计一套专属的启动程序，比如每天 19 点准时冲杯咖啡、清理桌面杂物……当这些动作形成肌肉记忆，大脑会在特定时间自动切换至学习模式。如果你每天通勤后只有 30 分钟学习时间，可以尝试换鞋、洗手、翻开笔记本三步仪式，这些看似简单的动作，能快速让你的注意力聚焦在当前任务上。仪式不需要复杂，但需要绝对纯粹。这种微小但稳定的仪式，将成为你对抗浮躁的锚点。

61 逆向学习法

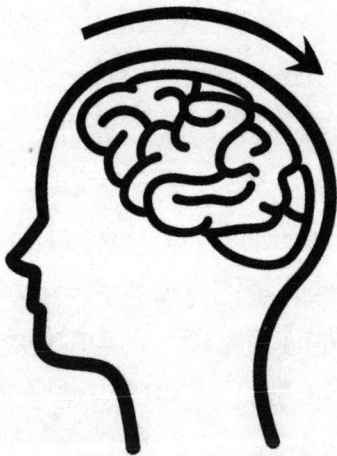

很多人都会陷入"学过了但不会用"的困境，逆向学习法或许能打破这种僵局。这种方法主张从结果倒推路径——先明确最终要达成的目标，再反向拆解需要掌握的知识点。比如你想快速掌握数据分析方法，一般的方式是从基础公式学起，而逆向学习法则会先设定"两周内完成销售报表分析"的目标，再拆分出数据整理、图表制作等具体任务，最后针对性学习相关知识。

职场中适合用逆向学习的场景，是应对紧急任务或跨领域挑战的时候。当你需要快速上手某项技能时，不必按部就班地学完所有理论，而是可以先锁定任务的核心需求，聚焦关键环节进行突破。这种方法不仅能避免学非所用的情况，还能通过实践中的问题反馈，让学习内容与工作场景深度结合。

62 契约学习策略

契约学习策略的核心，是将模糊的"我要学习"转化为明确的"我会如何学"。就像签订商业合同一样，你需要用书面形式写下具体的学习目标、时间节点、完成方式，甚至可以设置履约奖励或违约惩罚。比如计划三个月掌握编程能力，可以写明在每周二、周四 20 点 ~22 点学习，每周末完成实战练习，达成阶段目标后奖励自己一次短途旅行。

这种策略尤其适合需要系统学习技能的职场人。当你需要研究某个专业领域时，不妨把学习计划拆解成具体的条款，邀请同事或家人担任监督员。当你把承诺转化为契约时，执行力会大幅度提升。因为白纸黑字的约束力，能有效对抗拖延，让学习从一时兴起变成持之以恒。

63 微习惯学习策略

你是否曾在年初制定读书计划，结果坚持不到两周就放弃了？职场人既要应对工作压力，又要兼顾自我提升，其中最难的往往不是学习内容本身，而是如何长期坚持学习而不半途而废。那么不妨试试"微习惯学习策略"。它的核心在于"小到不可能失败"，即把学习目标拆解为每天只需五分钟就能完成的微小行动。这种策略巧妙地利用了行为心理学中的启动效应——你接受了一个极低难度的任务后，往往会出现"既然开始了，不如多做点"的惯性。比如你原本计划只看一页书，实际可能不知不觉读了十分钟；如果每天坚持记录两个专业术语，三个月后就能积累起系统的知识框架。

对于需要长期积累的职场技能，例如谈判、营销或管理知识的学习，微习惯就像隐形的推手。它不要求你突然改变生活节奏，而是通过持续的小步前进，最终形成稳定的学习习惯。先让行为发生，改变自然随之发生。

64 触发器学习策略

刚学完的 PPT 技巧，第二天就忘得精光了；记了半天的行业数据，被领导问起时大脑却一片空白……其实，这些尴尬时刻在职场中很常见。对此，触发器学习策略能帮上忙。

触发器学习策略的核心在于：将知识记忆与日常高频行为绑定。就像按下开关灯就会亮，当特定动作发生时，大脑会自动调取关联内容。比如设定"打开邮箱 = 回忆沟通话术"的固定行为，每次处理邮件前用 1 分钟复述沟通要点，重复强化后，日常操作就会成为唤醒知识记忆的按钮。

适合职场人应用的是"固定场景 + 轻量复习"组合。选择上下班通勤、午休前 5 分钟这类固定时段，将刷短视频替换成学习知识卡片；或是利用泡咖啡、等电梯的碎片时间，用几个关键词串联核心知识点。这种见缝插针的触发式学习模式，既不会增加负担，又能让零散信息逐渐沉淀为系统记忆。

65 学习优先级管理策略

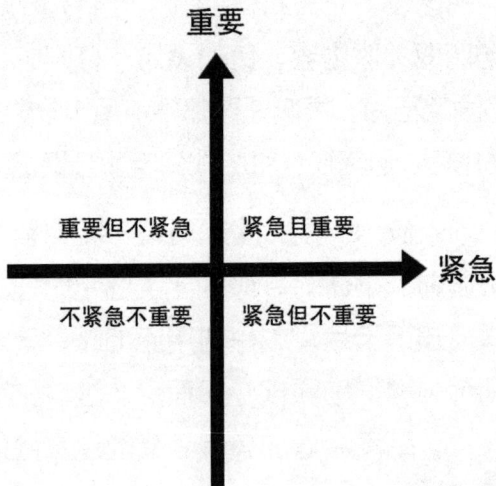

重要

重要但不紧急　　紧急且重要

紧急

不紧急不重要　　紧急但不重要

晚上加班后想学点新技能，却总被琐碎任务挤占时间；报了一堆课程，结果哪个都没学透……与其盲目学习新知识，不如先把手上的学习任务管理好。试试"学习优先级管理策略"，像管理工作任务一样管理学习任务。首先，我们可以用"四象限法则"将学习内容分为"紧急且重要""重要但不紧急""紧急但不重要""不紧急不重要"四类，然后优先处理紧急且重要的事情。

当需要同时掌握多个技能时，可先评估每个技能与当前工作的关联度。比如产品经理既要学数据分析，又要提升沟通技巧，还要了解行业趋势。数据分析直接影响产品决策，应优先学习；沟通技巧可通过碎片化时间积累；行业趋势分析则可作为长期知识储备。这种学习优先级管理策略能避免精力分散，让知识更快转化为工作成果。

66 极简学习策略

想学新知识，却被海量资料淹没了，遇到这种情况，不妨给自己的学习做减法，极简学习策略就很适合你。这一策略的核心是"精准聚焦"：严格筛选知识，只保留最核心的内容，舍弃无关的内容。这个方法与西蒙学习法不同的是：西蒙学习法要求你在一段时间内专注持续地攻克某个领域，形成知识体系，成为领域专家；极简学习策略要求你只需要掌握最核心内容，能解决当前问题即可。

它的优势在于"以用促学"——结合工作场景确立学习目标。例如临时接手数据分析项目，与其焦虑地从头学编程，不如先明确当前最需要的技能，比如 Excel 数据透视表，用 3 小时攻克核心功能，当天就能产出基础分析报告。剩下的知识，等遇到实际问题再按需补充。

67 目标可视化策略

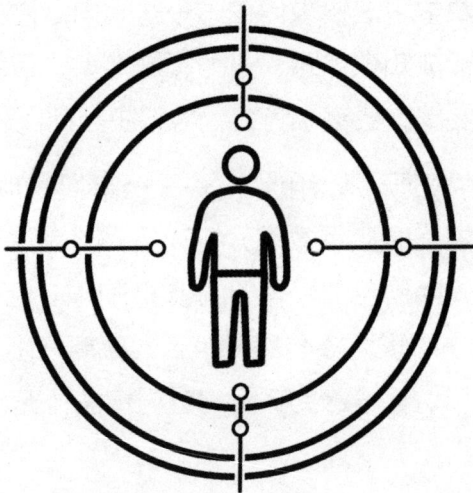

年初信心满满地写下年度计划，到年底发现完成的寥寥无几；团队会议上反复强调目标，两个月后大家却都偏离方向。这种现象在职场尤为常见，本质上是抽象目标缺少具体抓手导致的执行困难。

目标可视化策略的核心在于将抽象计划转化为可感知的对象。就像旅行时需要地图导航，我们可以用视觉形式将目标具象化：把文字计划转化为进度图表，用实物象征里程碑，或将目标分解成每日可见的任务卡片。这种转化能激活具象化思维，让模糊的目标变成可切实执行的步骤。

在推动项目协作时，这个方法尤其有效。在会议室挂出项目进度甘特图，用不同颜色标注各成员的进度节点；将季度目标拆解成 30 张卡片，每完成一张就投入实体进度箱。这种看得见的成长轨迹，既能增强团队的方向感，又能及时暴露执行偏差。

68 能量管理策略

连续加班后对着电脑头脑发蒙，重要会议时忍不住打哈欠……我们如果总在"没电"的状态下强撑，花费再多时间也难出成果。正如能量管理策略所认为的：精力才是效率的燃料，比时间管理更值得关注。

该策略主张根据身体状态分配任务，而非机械地填满时间。比如清晨头脑清醒时处理创意提案，午后疲倦阶段整理数据报表，下班前低能量时段回复邮件。每个人每天有 4 小时"高能时段"，抓住这段时间攻克核心任务，效率往往能大幅度提升。相应地，我们可以这样安排一些典型的应用场景，比如会议：将需要深度讨论的会议安排在上午 10 点，此时团队整体处于能量峰值，决策质量更高；而信息同步类会议可安排在午后，再利用站立姿势激活身体状态。能量管理不是对抗疲惫，而是顺应节奏，切换任务类型。

69 适应性学习策略

你可能会发现，老师讲的内容要么太深奥要么太基础，自己花了时间却没学到真本事。别发愁，现在有种"聪明"的学习方法能解决这个问题。

适应性学习策略，是指根据学习者的水平来调整学习进度，帮助学习者更好地掌握知识或技能。运用该策略时，你可以利用 AI 辅助学习，让它变成懂你的"学习搭档"。比如你想学习英语语法知识，可以让 AI 给你出几道相对简单的题目，如果你答错了，它会帮你分析错题和讲解相关知识点。你学会基础语法知识之后，试着让 AI 教你更复杂的语法规则，逐步提升难度。整个过程像爬楼梯，每一步都稳稳当当，不会让你原地踏步或者往后退。这个学习策略会让你循序渐进地消化学习内容，获得实实在在的进步。

70 模块化学习法

在职场中，很多人最怕的就是当自己刚准备学习、想要提升自己时，被突如其来的会议打断，或是计划好的技能培训被临时任务搅黄——日常工作中的碎片化时间让人很难集中精力去吸收新知识。在这种快节奏的环境中，如何高效掌握新知识，避免因碎片化而丧失学习动力？模块化学习法或许能为你提供解决方案。

职场人最需要的是灵活性和针对性。需要快速提升汇报能力时，你可以重点钻研"图表制作"模块；若想提升沟通效率，则优先学习"结构化表达"模块。模块之间既可独立学习，又能自由组合，适合利用通勤、午休等碎片时间见缝插针地学习。更重要的是，每完成一个模块的学习都能获得即时反馈，这种看得见的进步，能有效对抗不愿意学习的惰性。

71 敏捷学习策略

你是否遇到过这种情况：刚学会使用数据分析工具，公司就启用了新系统；花三个月考取了证书，在竞聘时却发现岗位要求已经更新？面对快速变化的工作需求，传统学习方式往往难以适用，敏捷学习策略能帮助你灵活应对。

它源自软件开发的敏捷开发理念，核心是"小步快跑、持续迭代"。敏捷学习策略与即时反馈学习法不同：即时反馈学习法是微观战术，像练习投篮，专注于"投好下一个球"这个具体的、清晰的微小技能点；敏捷学习策略是宏观战略，就像组建和训练一支篮球队，为了赢得总冠军，你需要灵活、动态地管理阶段目标、训练计划等。

例如用敏捷学习策略锻炼面向大客户的销售能力。先练如何用五分钟精准挖掘客户痛点，拜访客户后立刻复盘，根据客户的不同反应动态调整方法。

72 个性化学习路径

每天面对堆积如山的工作任务，你是否总在焦虑"学得不够快"？职场人的学习困境，往往不是不努力，而是用错了方法。找到适合自己的个性化学习路径十分关键，它强调根据个人的职业需求、知识基础和学习节奏，设计专属的学习方案。比如，同样是提升项目管理能力，经验丰富的老手可能需要深入研究风险管理，而新人更适合先掌握基础工具和流程。

学习方式是因人而异的，有人偏好碎片化学习，利用通勤时间听播客、看短视频；有人则更适合系统性学习，在固定时间深度阅读和做笔记。关键在于找到最适合自己的节奏，既不给自己过多的压力，也避免拖延和低效。个性化学习路径能够帮助我们在有限的时间内，最大化学习的效率和效果。

73 分阶段学习策略

你刚报名参加一门课程，怀着满腔热情，急切地想要掌握全部内容，然而大量信息铺天盖地而来，让你感到无从下手，学习的压力迅速增加，热情也因此大打折扣。这是人们常陷入的"贪多求快"陷阱，既容易导致学不扎实，又容易导致半途而废。其实，我们可以将学习过程拆解为多个可执行的小阶段，每个阶段只专注解决一个核心问题。每一阶段完成后，都能获得阶段性的成就感，同时为下一阶段积累信心。

例如转型做项目管理时，不必要求自己同时掌握流程工具、沟通技巧和风险管理方法，而是先通过模拟案例熟悉工具，再逐步融入团队开展协作实践，最后独立主导小型项目。这种循序渐进的方式，既能有效缓解学习压力，又能让知识真正内化为能力。

74 结构化学习法

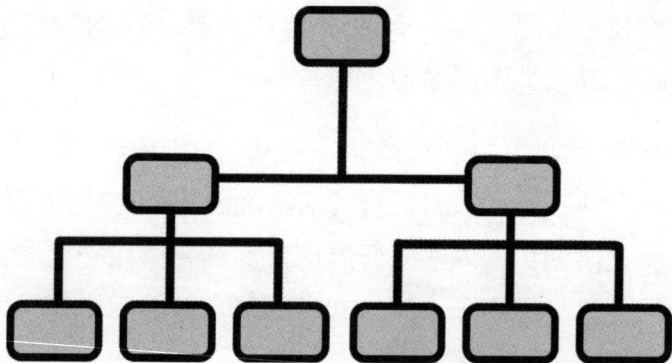

明明看过许多资料，但实际应用时依然手忙脚乱，这类问题的根源往往在于缺乏结构化学习。结构化学习法简单来说就是"先搭框架，再填内容"，它与体系化学习策略不同：结构化学习像建房子，盖完第一层才能盖第二层；体系化学习像编织蜘蛛网，各部分之间有着千丝万缕的联系。

体系化学习构建的知识体系是动态发展的，可能包含不同领域的知识，例如写市场调研报告时，需要综合分析多方面的数据来推导结论。

结构化学习需要先设计整体蓝图，再把知识分解成标准模块，最后按逻辑顺序整合。比如你想要掌握销售能力，可以把销售技能分成三个模块：产品知识、沟通方法、成交策略。然后每次专注一个模块深度练习，最后将各个模块"组装"到一起，进行综合练习，这样会学习得更快。

75 80/20 学习策略

你是否经常感觉时间不够用？不妨试试 80/20 学习策略，少做无用功。它的核心逻辑很简单：把精力投入能带来 80% 价值的关键内容中。比如学习 PPT 制作时，大部分人会花时间研究复杂的动画效果，但实际工作中真正高频使用的是排版逻辑、数据可视化和配色原则这三项核心能力。抓住这 20% 的"高价值区"，就能覆盖 80% 的职场需求。

这一策略特别适合需要快速见效的场景。当你接手新项目时，与其逐字阅读上百页资料，不如先锁定项目目标、核心流程和常见风险这三大模块。通过优先攻克"关键的 20%"，你不仅能快速建立知识框架，还能腾出时间解决实际问题。就像修剪一棵树，剪掉细枝末节，主干才能吸收更多养分。

76 PDCA 学习法

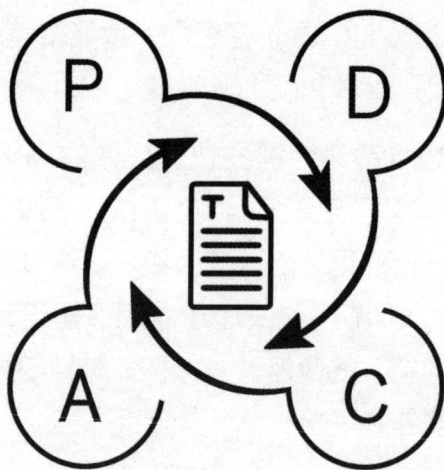

在职场中你是否遇到过这样的困境：花三个月报名课程，学完后却连基础项目都无法完成？其实这个问题的根源往往不在于能力，而在于没有形成科学的学习闭环。不妨试试用 PDCA 学习法重塑你的学习过程。

PDCA 由四个词的首字母组成：计划（Plan）、执行（Do）、检查（Check）、处理（Act）。比如你想掌握 PPT 设计，先列出"一个月内能独立完成 20 页企业级方案"这一具体目标，拆解出配色、排版、图表三个学习模块（Plan）。每天用 15 分钟专门练习其中一项技能（Do），周末用真实工作案例测试成果（Check）。如果发现配色总被领导批评，就重新调整学习重点或练习频率（Act）。

77 多元智能学习策略

多元
智能

心理学研究表明，不同人的学习优势存在差异：有的人通过文字理解得更快，而有的人需要动手操作才能记住，还有的人必须结合图像才能融会贯通。多元智能学习策略主张，根据自身最擅长的认知方式选择学习方法，才更容易提升学习效率。

比如在团队协作场景中，团队需要共同掌握新技能时，可以按成员特点分工：擅长逻辑分析的拆解操作步骤，语言能力强的编写指导手册，精通图表制作的绘制流程图。这不仅能提升学习效率，还能在成果整合时帮助你形成多维度的知识体系。

我们不必纠结认知方式的分类，只需观察自己通过哪种方式学得最轻松。找到自己的"学习舒适区"，再逐步叠加其他方式，就能形成个性化的高效学习路径。

78 苏格拉底提问法

古希腊哲学家苏格拉底用一套独特的对话方式，让两千多年前的雅典人学会深度思考，这个方法被称为"苏格拉底提问法"，现今依然是职场沟通的利器。它的关键在于用问题引导思考，而非直接给出答案。它通过连续追问"为什么""你认为的根本原因是什么""有没有其他可能性"等问题，帮助对方厘清逻辑链条，发现认知盲区。

当团队成员对新方案产生分歧，不妨用"如果采用这个方案，三个月后可能会遇到哪些挑战"代替直接否定；当讨论陷入僵局，可以用"我们假设预算缩减30%，哪些环节还能保留下来"来打开思路。这种提问方式既能避免对立情绪，又能促进参与者主动思考解决方案，从而碰撞出创新的火花。

真正高效的沟通不是比谁声音大，而是看谁能问出关键问题。不妨先放下准备好的答案，用苏格拉底提问法层层深挖，或许你会发现问题的答案。

79 悖论整合策略

你是否在职场中遇到过这样的困境：领导既要你快速完成任务，又要求细节完美；既要团队保持创新活力，又要维持现有业务稳定。这种看似矛盾的需求，常常让人陷入两难抉择。面对这种困境，我们首先应该跳出非此即彼的思维定式，维持对立需求之间的动态平衡。悖论整合策略不是简单的妥协，而是通过创造性思考，让看似冲突的目标形成互补关系。比如既要保证效率又要注重质量时，可以采用分阶段实施机制，先按照标准化流程快速搭建基础框架，再针对关键模块进行深度优化。

这种策略特别适合处理长期存在的系统性矛盾。以市场部门为例，品牌需要保持统一调性，又必须紧跟热点变化。运用悖论整合思维，确定核心价值"锚点"，同时在表现形式上设置灵活创新的"实验区"，既守住品牌根基，又保留试错空间。

80 思想实验策略

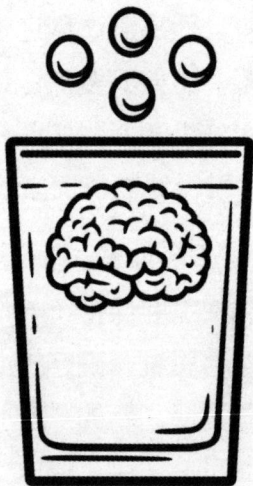

面对复杂决策时反复纠结，团队沟通时各执己见……这类问题往往是因为我们被现实条件制约，从而陷入与他人意见不合导致的冲突之中。思想实验策略正是借助虚构场景进行假设性推演，从而打开局面。比如，你可以问自己："如果这个项目的预算没有上限，我会怎么做？"或者"如果三年后回头看今天的决定，我会后悔做了哪些事？"脱离现实限制或切换时间视角，往往能帮助你快速抓住问题的本质。

一个典型应用场景是跨部门协作中的矛盾化解。例如，当两个团队因资源分配争执不下时，管理者可以引导双方共同设想："如果我们合并成一个部门，会如何重新分配任务？"这种假设性推演能弱化立场对立，让参与者聚焦解决方案而非个人得失。思想实验策略既能避免现实试错的高成本，又能激发突破常规的创造力。

81 整体学习法

很多人花了大量时间学习书本知识，却始终感觉无法将零散的知识联系起来，导致越学越迷糊，始终无法形成系统的认知。这种情况常常使人产生"学得越多，越难串联"的困惑，我们明明了解了很多，却还是无法灵活应用。这时候，整体学习法成为破解这个难题的有效策略。

整体学习法的核心，是先看清全貌再填充细节。比如我们用这个方法准备年度规划：先梳理行业趋势、竞品分析、资源匹配三大部分，再往每个部分填充具体数据和案例，这样在汇报时，管理层一下就能抓住核心逻辑。

这种学习方式能让人快速抓住本质，避免迷失在碎片中。当知识形成网络时，你会发现不同工具的共性，甚至能灵活替换解决方案——这才是职场人需要的快速上手工作的能力。

82 跨学科学习策略

某个同事最近在会议上总能提出让人眼前一亮的方案，后来你才知道他正在研究心理学和设计学。这正是跨学科学习策略的体现。

职场人常陷入"专业陷阱"：遇到复杂问题时，习惯用单一领域的知识去解决，却难以突破。跨学科学习策略强调主动打破专业壁垒，通过不同领域知识的交叉学习，搭建更完整的思维框架，从而提高你在职场中的创新能力。在策划项目时如果遇到瓶颈，你可以尝试使用其他领域的方法，比如用文学中讲故事的方法汇报工作。这种策略并非要求你精通多门学科，而是通过在知识间建立联系，让思维跳出固有框架。

就像拼图需要不同形状的碎片才能变得完整，跨学科学习帮助职场人通过多方视角看清问题的全貌。每周花30分钟了解一个陌生学科的基础概念，或许就能帮助你实现下一次突破性成长。

83 迁移学习策略

你是否遇到过这样的困境：面对新岗位或陌生任务时，明明积累过类似经验，却要从零开始？面对这个难题，可以使用迁移学习策略，将已有的知识或技能"搬运"到新领域。比如，你曾负责市场调研，现在需要策划用户活动，无须完全从头摸索。数据分析的逻辑、用户需求洞察的方法以及跨部门沟通的技巧，都能直接复用。

迁移学习不是生搬硬套，而是用已有的"钥匙"解锁新领域。试着列出你擅长的三项能力，再思考如何将它们转化为应对新挑战的武器，这也许能够帮助你度过跨岗位适应期。假设你从销售部转岗至客户服务部，看似职责不同，但客户需求挖掘、异议处理、关系维护等底层能力，都能帮助你快速适应新岗位，关键在于找到新旧任务的共通点。

84 手掌学习法

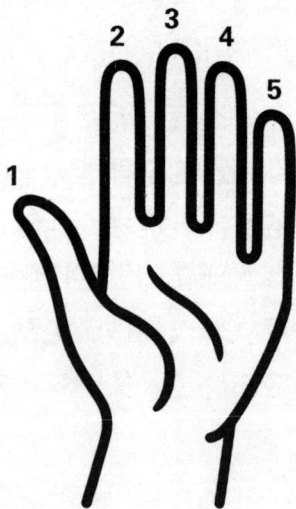

准备考试或提升技能时总手忙脚乱？手掌学习法就能帮你解决这个问题。

这个方法很简单，想象你的五根手指代表学习的五个步骤：大拇指是预习（提前了解重点），食指是听课（专注吸收知识），中指是做作业（动手练习），无名指是复习（巩固记忆），小指是考试（检验成果）。手掌则代表时间管理，意思是要合理规划这些步骤的时间，避免一头扎进去却事倍功半。

比如你需要考取一个职业证书时，就可以用这个方法系统安排学习步骤：先预习资料，再认真听课，接着做练习题，定期复习笔记，最后模拟考试。这样一步步来，你会发现时间分配更合理，学习不再像赶鸭子上架，而是稳扎稳打，既省心又有效果。

85 教科书七读学习法

复习时总是抓不住重点、记不清？问题的根源往往在于学习得不够扎实。教科书七读学习法的核心就是将学习材料反复阅读七次，但每次阅读的目的不同。前三次阅读主要是熟悉内容框架，了解整体知识点分布，这个阶段不要求完全理解，重点是建立知识框架。第四次到第七次阅读才是真正的理解和记忆阶段，每读一遍都会发现之前没注意到的细节，理解程度会显著提升。

准备职业资格考试时，可以先根据考试时间制定教科书七读计划，分配每轮阅读复习材料的时间：第一轮快速浏览教材的目录和重点章节，第二轮梳理知识框架，第三轮标记难点，第四轮开始深入理解并做笔记，后续几轮则是巩固记忆和查漏补缺。通过这种循序渐进的方式，原本复杂的知识会变得清晰易懂，学习效果也会大幅提升。

86 多元思维模型策略

你是否总是用同样的思路解决不同的问题？职场中的复杂挑战往往像一团乱麻，单一视角的思考就像只用一把剪刀去拆解，效率低下还可能剪错线头。投资大师查理·芒格提出的多元思维模型策略，正是破解这种困局的关键。

多元思维模型策略主张从不同学科中获取思维工具，放入自己的工具箱，也就是说我们不仅需要掌握自己所在领域的知识，还需要了解心理学、经济学、工程学等多领域的理论，来应对千变万化的问题。这种策略不是要求你成为每个领域的专家，而是掌握关键思维模型，让它们成为分析问题的切入点。比如设计新产品推广方案时，单一的市场营销理论可能让你陷入价格战思维，但若同时运用心理学中的损失厌恶效应设计促销机制，结合工程学冗余设计理念准备应急预案，往往能碰撞出突破性的解决方案。

87 分解整合策略

刚接手一个复杂项目时，你是否感觉无从下手？明明知道必须推进，但巨大的压力反而让人想逃避——这正是职场人面对复杂任务时的真实写照。这往往不是因为能力不足，而是缺少拆解和整合的智慧。

分解整合策略的核心在于将复杂任务拆解成可操作的子任务，并将子任务的成果系统化整合。比如接到编写年度市场报告的任务时，可以先将其拆解为数据收集、趋势分析、框架搭建、内容撰写四个模块，每个模块再细化到每天需要完成的 1~2 项具体行动。

整合时，边推进边拼合成果，就像整理快递货架，先分拣包裹（归类信息），再按收货地址安排位置（串联逻辑），最后调整摆放顺序（优化表达）。过程中随即检查子任务成果是否环环相扣，是否与核心结论相关，是否需要调整衔接模块。

88 正念学习法

下班后打开电脑准备学习新技能，手却不受控制地刷起了短视频；开会时明明在听同事发言，思绪却飘到了未完成的报表上……这些大家再熟悉不过的场景，本质上都是注意力不集中的表现。在这个时候，正念学习就显得尤为重要。

不同于传统填鸭式学习，这种方法强调"专注当下"。它主张在学习时，暂时放下杂念，像品茶一样感受知识的细节，如文字间的逻辑转折，或者操作步骤中的关键手势。通过调节呼吸节奏，让身体进入平静状态，你会发现自己对信息的捕捉力和理解能力明显提升。

这种学习方式特别适合需要快速掌握新技能的场景。比如学习新软件时，可以先关闭所有无关页面，给自己25分钟的专注时间。过程中若产生杂念，只需轻轻将注意力拉回屏幕。完成学习后，用2分钟回顾哪些环节容易分心，下次就能针对性优化。

89 情绪管理学习法

没写完明天要交的报告或作业，让你陷入焦虑；他人无意间的一句话，让你整个下午都沉浸在自我怀疑中……其实，这些情绪波动正悄悄消耗着你的专注力。不妨练习情绪管理法，帮助自己走出负面情绪。

情绪管理学习法并非要求你压抑情绪，而是帮你觉察和疏导情绪，让大脑回归高效状态。研究发现，当人处于焦虑或愤怒中时，大脑负责理性思考的前额叶皮层会暂时"罢工"，此时学习往往事倍功半。

在职场中最典型的应用场景是处理突发任务时的"情绪急救"。当上司突然布置紧急任务，你可能会瞬间心跳加速、呼吸变快。这时不妨用 30 秒完成"三步重置法"：先摘下眼镜或松开领带缓解身体的紧绷感，再对着窗户做三次腹式深呼吸，最后用中性语言把任务重述一遍（例如"我需要优先处理这份材料的三个重点"）。这个简单的动作链能让你快速脱离情绪旋涡，重新获得掌控感。

90 心流学习法

你是否经常在办公桌前忙了一整天，却感觉成果寥寥？或是刚打开电脑就被消息弹窗打断，半小时后才想起原本要处理的工作？这种状态正是让许多职场人容易陷入的低效学习陷阱。

心流学习法源于心理学家米哈里·契克森米哈赖提出的"心流"概念，心流指人在完全专注时产生的沉浸式体验。想象一下：你全身心投入一项任务，忘记时间流逝，甚至感觉不到手机震动，这种状态下效率会比平时更高。

职场中，你可以将心流学习法用于技能突破型任务。例如学习新软件时，先选择一段不受干扰的时间，将学习内容拆分为难度适中的小模块，并为自己设定明确目标，例如"1小时掌握基础操作"。在此过程中关闭通知提醒，每完成一个模块就给自己即时反馈，例如标注进度条。当任务挑战性与你的能力匹配时，你会更容易进入心流状态，原本枯燥的学习会变得充满乐趣。

91 持续学习策略

你是否经历过这样的职场困境：新来的实习生都会用数据分析工具快速做出报告，而你还在手动整理表格。这背后，往往藏着职场人共同的焦虑——知识迭代的速度，超过了我们学习的速度。面对这种情况，通过规律、渐进的学习，将知识更新融入日常，对我们来说十分必要。持续学习策略不是要求你每天苦读 8 小时，而是强调"每次进步一点点"。比如每天花 15 分钟学习一门新技能，持续 3 个月；或每月参加一次线上分享，持续 3 年。关键在于保持节奏，让学习像吃饭喝水一样自然。

假如微习惯学习像播下一粒种子，那么持续学习就像培育一棵植物，一个是解决"0 到 1"的问题，一个是解决"1 到 N"的问题。

比如应对 AI 技术变革，仅用微习惯学习是不够的，你还需要不断地调整学习目标、学习方法，才能实现稳定的、长期的积累。

92 情感连接策略

人们在职场中常有这样的困惑：团队协作时总觉得与同事沟通像隔着一堵墙。其实，问题可能出在学习方式上。缺少情感的投入，学习新事物就像用破洞的塑料袋装水，再努力也留不住。

研究发现，当信息被赋予情感意义时，比如引发共鸣、触动记忆，大脑的储存效率会大幅度提升。利用这一点，将学习内容与个人情感、经历或价值观关联起来，对学习十分有帮助。试想：当你向同事讲解专业概念时，若能结合自身遇到的挫折故事或成就瞬间，同事不仅更容易理解内容，还会产生情感共鸣从而激发出"我也想试试"的动力。把知识从冰冷的文字变成有温度的经历，自然更容易理解和记忆。

下次学习时，不妨试着问自己："这件事让我联想到哪些亲身经历？它触动了我的什么情绪？"用情感作为锚点，记忆和理解的深度都会悄然提升。

93 内在动机策略

下班后窝在沙发里刷短视频，周末报复性熬夜打游戏——很多职场人用这种方式"充电"，却越休息越疲惫。其实，找到"我想做"的内在渴望，往往比外部刺激更能为你带来持续动力。内在动机不依赖奖金或领导表扬，而是源于我们对事物本身的兴趣、探索欲和成长的满足感。比如完成项目时的自我突破感，学会新技能时的愉悦感，这些发自内心的成就感比任何外在奖励都持久。

试着把周报变成自我成长的记录本，当你不再机械地罗列工作内容，转而思考"本周我克服了哪些挑战""哪些经验可以迁移到新项目"，枯燥的汇报就会变成能力地图。遇到不感兴趣的任务时，可以把它当作寻宝探险，每完成 20% 进度就像解锁了一条新路线，把被动执行变成主动探索。这种思维转换能让我们在重复性工作中保持新鲜感，就像给工作装上了自驱动的引擎。

94 游戏化学习法

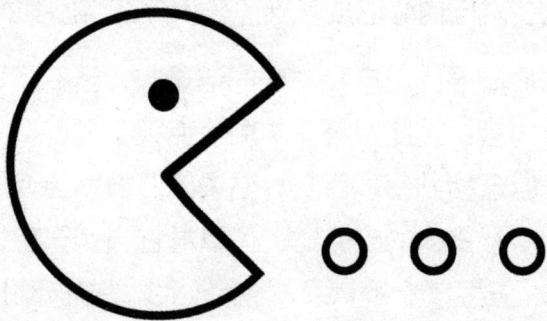

每天面对 KPI（关键绩效指标）压力和重复性工作，很多人常常陷入"学不进去—能力停滞—职业焦虑"的恶性循环。但如果你能把学习当作游戏的过程，看似令人痛苦的学习会变得更加有趣和轻松。

游戏化学习法将游戏设计理念融入学习过程，通过设置明确目标、即时反馈、成就奖励等机制，把枯燥的知识学习变成闯关挑战。就像手机游戏总是吸引人持续闯关，这种方法能刺激大脑分泌多巴胺，让学习过程自带驱动力。

游戏化学习法提示我们，设计闯关式学习地图能让员工边玩边学。比如，将 Excel 函数分解为 20 个技能点，每掌握 3 个就能解锁一个虚拟勋章，部门内设置可视化进度排行榜；员工在碎片时间完成短视频学习后，系统即时推送案例练习题，正确率达到 80% 即可点亮技能图标。这种设计巧妙利用人的竞争心理和收集欲望，让原本枯燥的技能学习变成同事间良性互动的成长游戏。

95 翻转课堂策略

会议通知的提示音连响三次，你盯着屏幕上的培训安排叹了口气，又要面对长达三小时的单向知识灌输。这种被动学习就像被按在工位上看教学直播，不仅让人身心疲惫，学习内容也不容易被理解记忆。不妨试试翻转课堂策略，这种颠覆传统学习顺序的方法，能够让知识吸收变得更有效率，帮助你打破这种低效循环。

传统培训往往是专家讲、学员记，而翻转课堂策略要求参与者提前完成基础学习，将宝贵的线下时间留给实践演练。比如企业组织沟通技巧培训时，可提前三天发放沟通模型卡，让学员在业余时间就能掌握基本框架。正式培训时，会议室就变成演练场：通过角色扮演处理客户投诉，用辩论赛形式拆解远程协作障碍。这种带着问题来、带着方案走的学习模式，能让知识在实践演练中内化成自身能力。

96 学习工具箱策略

每天在通勤路上刷手机学知识，参加培训时拼命记笔记，可遇到实际问题依旧手足无措——这是不是你的学习困境？碎片化时代，单一的学习方式既低效又容易让人产生挫败感。

学习工具箱策略主张像工匠准备工具包一样，为自己配备多种适配不同场景的学习方法。比如用五分钟速读法快速抓取文章要点，通过思维导图法厘清知识脉络，借助费曼学习法向同事讲解新知识来查漏补缺。这些工具既包含输入型方法（比如听书笔记法），也涵盖输出型技巧（比如场景模拟法）。需要快速掌握新技能时，可以组合使用工具箱中的工具：先通过关键词捕捉法筛选学习资料重点，再用情景联想法将知识点融入工作场景，最后用闪卡记忆法巩固核心内容。这种"组合拳"能打破"学了像没学"的困境，让知识真正转化为解决问题的能力。

97 技术辅助学习策略

工作中需要快速掌握新技能，但翻书查资料耗时长，下班后身心疲惫又难以专注？技术辅助学习策略适用于解决这类职场痛点。它并非单纯依赖技术，而是通过智能工具将学习融入实际场景。比如，利用语音转文字工具将行业会议的录音转化为会议纪要，通勤路上就能完成信息整理；使用智能学习平台，算法会根据你的薄弱点推送定制化练习，避免无效刷题；用 AI 笔记软件自动整理会议记录中的关键信息，直接生成可复用的知识框架。

一个典型应用场景是多任务处理。职场人常面临多项任务并行时精力分散的问题，而技术工具能帮你建立"外挂大脑"。比如，用时间管理 App 将学习目标拆分为每日 15 分钟的小任务，结合智能提醒功能，利用午休、排队等零散时间积累知识。技术辅助学习策略的核心在于"让工具适配人，而非人适应工具"，找到与自身节奏匹配的技术手段，才能真正实现高效成长。

98 快速通关策略

你是否经历过职场中的"卡关时刻"？比如同时推进五个项目时，效率断崖式下跌。这种持续性的任务压力往往源于我们错误地将复杂挑战视为一个整体。

快速通关策略源自游戏设计思维，就像玩家需要逐级解锁关卡那样，该策略建议将大目标拆解为若干可完成的子任务，并为每个阶段设置明确的完成标准和奖励机制，然后将快速通过各个关卡，以获取结果作为首要任务。我们在某个节点遇到阻碍时，只要能以及格分突破当前关卡即可，而不追求以优异成绩，避免花费过多精力。

比如你要掌握直播销售的能力，有了解产品详情、判断用户购买意愿，达成成交三个关卡。你不用等到背完所有产品参数，先了解产品最常见的参数，就可以开始下一个关卡了。快速通关策略的精髓在于：不求完美通关，但求快速达成核心目标。

99 挑战赛学习策略

你是否经常买完课程却把它放在收藏夹里"吃灰"？试试用挑战赛模式提升你的学习动力。它可以通过设置短期目标、规则设计、正向反馈，帮助你把学习变成一场挑战赛。这种策略特别适合需要激励团队成员突破瓶颈的场景。比如团队需要集体掌握新工具时，可以设计为期两周的"技能挑战赛"——每人每天解锁一个功能技巧，在群内用图文打卡的形式展示成果，最终积分最高者获得奖励。这种轻度竞争和互助的氛围，既能缓解学习压力，又能通过同伴的进度激发行动力。就像跑马拉松时，有人陪跑往往比一个人独自坚持跑得更远。

职场人需要的不是苦行僧式的学习，而是能适应工作节奏的可行方案。下次想放弃时，不妨发起一个小小挑战赛邀请朋友一起参与，看谁能专注学习 60 分钟不看手机，完成者奖励一杯咖啡。

100 学习实验法

花了大把时间学了一堆知识，但在工作中遇到新问题的时候又无从下手。其实，我们需要的不是"学得更多"，而是"怎样更聪明地学"。这需要我们把学习过程当作科学实验。学习实验法分为三步：第一步像研究员一样设计学习目标，第二步边实践边观察效果，第三步根据反馈调整方法。

这个方法特别适合需要快速适应变化的职场场景。比如你正在学习项目管理工具，与其先学完所有功能，不如直接用它规划一个小型项目。从制定时间表到分配任务，过程中遇到卡点就针对性查资料，工具没达到预期效果就调整使用方法。这就像在实验室里反复测试，失败不是终点，而是帮你排除错误选项的必经之路。学习实验法的核心是让试错变得有价值，它把未知变成可验证的步骤，让你每一次行动都能积累有效经验。正如科学家不会因为实验失败而放弃研究，职场人的成长，往往藏在那些看似不完美的尝试里。

我的学习笔记

学习 _____ 后

我是这样学习的 💡

学习＿＿＿＿＿＿＿后

我是这样学习的

学习＿＿＿＿＿＿＿＿＿后

我是这样学习的 🔆

学习＿＿＿＿＿＿＿后

我是这样学习的

学习＿＿＿＿＿＿＿后

我是这样学习的 💡